NOTICE NÉCROLOGIQUE

SUR

LE COMTE DE

MAILLY-CHALON

LE MANS

IMPRIMERIE LEGUICHEUX-GALLIENNE
15, RUE MARCHANDE, 15

1871

NOTICE NÉCROLOGIQUE

SUR LE COMTE

DE MAILLY-CHALON

Si le dévouement de la noblesse française a jamais brillé d'un incontestable éclat et mérité l'unanime tribut d'une sympathique admiration, c'est dans ces tristes jours, où l'honneur de la nation, terni par de honteuses défections, n'a pas eu de représentants plus purs, où son indépendance, exposée à périr, n'a pas eu de plus ardents défenseurs.

Mais ce qui distingue par-dessus tout cette conduite de notre aristocratie, ce n'est pas seulement l'élan de ce dévouement, c'est aussi son désintéressement et sa spontanéité. Non-seulement ceux qui faisaient déjà partie de l'armée ou qu'un appel nouveau avait convoqué sous les drapeaux, ont satisfait par leur brillante valeur, à ce que l'honneur militaire exigeait d'eux, mais ceux-là même qu'exemptait leur âge, que des intérêts, de tendres affections de familles eussent pu retenir, ne tenant aucun compte de ces excuses légitimes, devant les malheurs et les dangers du pays, ont tout quitté pour voler à son secours.

Parmi ces volontaires de patriotisme, l'un des plus illustres par son origine, des plus empressés à marcher dans cette rude et glorieuse voie du sacrifice, a été le comte de Mailly-Châlon, mort le 13 décembre 1870, des suites d'une blessure reçue au combat de Varize.

Ici se place sous notre plume ce passage éloquent d'une lettre de l'évêque de Poitiers, relative à ces volontaires du dévouement. Il parle en général de toutes ces nobles victimes, mais ce passage semble tellement fait pour le comte de Mailly-Châlon, que nous ne pouvons résister au désir de le lui appliquer ici.

« Tout soldat qui combat pour une cause juste sous « les drapeaux de son prince et de sa nation, possède « un titre puissant à l'indulgence de Dieu et à la grati- « tude des hommes. Celui que la loi de son pays « n'astreignait pas au service militaire, et qui quitte « spontanément sa maison, sa famille, son bien-être, « pour se dévouer à la défense de la patrie menacée, « Dieu, les hommes lui doivent un plus large tribut « d'honneur et de récompense. « Vous qui, de votre « propre mouvement, vous êtes offerts au péril : vous « qui avez exposé volontairement vos vies au danger, « mon cœur vous aime, braves et brillants volontaires « d'Israël, dit le Seigneur ». (1)

« Malgré tout ce qui s'est vu de triste et d'humi- « liant, la postérité la plus reculée racontera les « dévouements héroïques dont nos champs de batailles « ont été témoins. S'immoler avec abnégation et sans

(1) Zacch., I, 14, 16,

« espoir de vaincre, s'immoler pour sauver l'intégrité « de l'honneur à défaut de celle du territoire, s'immo- « ler ainsi, quand on n'a trempé ni par soi-même ni par « les siens dans les révoltes et les trahisons qui ont « amené l'abaissement moral et politique de la nation, « faire le sacrifice de la vie quand elle s'offrait avec un « long avenir, avec l'éclat d'un beau nom, avec les « séductions d'une grande fortune : notre génération, « grâce à Dieu, n'est pas encore devenue assez étrangère « aux sentiments de justice et de générosité, pour ne pas « admirer ce spectacle, le jour où il s'offre à ses yeux. « Là, sera pour nous, si je ne me trompe, l'un des « meilleurs bénéfices de nos malheurs. »

Celui dont nous esquissons ici la vie, Anselme, comte de Mailly-Châlon, appartenait à l'antique famille de Mailly et à la branche d'Haucourt. Son aïeul, le maréchal de Mailly, après avoir été le gouverneur et le bienfaiteur du Roussillon fut, comme chacun le sait, à la journée du 10 août, le dernier défenseur de la monarchie expirante ; son père, M. de Mailly né en 1792, du maréchal de Mailly et de Mademoiselle de Narbonne-Pelet, fut pris par Napoléon empereur, et envoyé en 1808 à l'école militaire de Saint-Cyr, et plus tard en 1809 à celle de Saint-Germain-en-Laye ; il fut choisi par lui, avec douze autres dans une liste des plus grands noms de France, présentée par Fouché, duc d'Otrante, ministre de la police ; entre autres noms, il y avait : Brissac, Bauffremont, Chabot, duc de Rohan, La Trémouille, etc, etc.

Il fut placé comme sous-lieutenant, en 1811. dans le 2me régiment de carabiniers, et fit en cette qualité cette fameuse campagne qui commença pour lui en 1811 et finit en 1813, contre les Russes.

Le général de France commandant la division, le délégua avant Smolenks vers le comte Durosnel aide-major général de la cavalerie, et aide de camp de l'empereur, gouverneur de Moskou ; lequel le chargea d'employer tous les moyens possibles, pour éteindre cet immense incendie allumé par les Russes ; mais inutilement et malgré les efforts les plus périlleux. Blessé en pleine jonction de l'épaule et de la poitrine, le 18 octobre 1812, il revint en France, avec l'armée, grâce aux soins de Napoléon qui lui prêta pendant quelque temps, ainsi qu'au maréchal d'Ornano son cousin, et à M. de Beauvau, fils d'un de ses chambellans, une voiture et plus tard un cheval. Rentré dans sa famille pour soigner sa blessure, il fut nommé, en 1814, aide de camp de S. A. R. Mgr le duc de Berry.

En 1817, le roi Louis XVIII le créa pair de France, sans que personne eût demandé pour lui cette dignité.

Il prononça quelques discours et notamment lors de la loi sur le code forestier, puis fut successivement nommé président du petit collège électoral du Mans en 1827, puis conseiller général, puis enfin, président du grand collège en 1830.

Ne voulant pas se parjurer par le serment qui excluait du trône les Bourbons de la branche aînée, il le refusa aussi à la chambre des Pairs, sans avoir donné sa démission.

Il était officier de la légion d'honneur, et chevalier de Saint-Jean de Jérusalem.

En 1816, il avait épousé mademoiselle de Villepail dont il eut, entre autres enfants, Anselme de Mailly, qui vient de mourir victime de son dévouement, à la bataille de Varise, en 1870 ; il était âgé de 43 ans. Il laisse une femme veuve et 4 enfants, n'ayant servi sous aucun régime et n'ayant pris à cet âge, les armes que pour la défense de sa patrie.

L'exemple paternel et la succession de gouvernements usurpateurs qui, jusqu'à nos jours, affligea la France, obligèrent le comte de Mailly-Châlon à passer lui-même dans la vie privée son existence presqu'entière.

Mais cette vie privée dont le repos et l'inoccupation ont été l'écueil de notre génération, ne fut point pour Anselme de Mailly comme pour un grand nombre de ses contemporains, une vie flétrie par une molle oisiveté ou perdue dans de futiles plaisirs. Consciencieux et fidèle dans l'accomplissement de ses devoirs de père de famille, simple et affectueux dans l'intimité, sachant se créer des relations par ses manières engageantes, et les conserver par la constance de ses attachements, il laissera d'ineffaçables souvenirs, non-seulement dans le cœur d'une veuve inconsolable, d'une famille dont il était l'âme, mais encore dans la mémoire de tous ceux qui, à titre de parents, d'alliés ou d'amis, ont pu apprécier la sérénité toujours égale de son humeur, la bienveillance de son caractère et son obligeance sans bornes.

Sans s'absorber dans une vie d'étude et de cabinet, il sut allier à des habitudes éminemment sociables, le goût des choses sérieuses et utiles. Les affaires, les lectures instructives, les arts dont il suivait les progrès et qu'il cultivait lui-même en amateur intelligent, les exercices du corps dans lesquels il montra une habileté toute spéciale, les voyages intéressants, se partageaient le temps que lui laissaient ses relations de famille et de société.

Le comte de Mailly-Châlon vivait de cette existence

heureuse et tranquille, lorsque éclata cette guerre désastreuse dans laquelle nous ont jetés le caprice d'un despote insensé et la nullité servile de ministres courtisans. Il sollicita, immédiatement et avec instance, un commandement dans la garde mobile de la Sarthe, son département, et obtint celui du 2e bataillon. Il avait alors 43 ans. D'un jugement calme et pratique, il ne se faisait aucune illusion sur les fatigues et les périls de la nouvelle carrière, à laquelle il sacrifiait et les agréments que procure la fortune, et les douces joies du foyer domestique. Mais la patrie alarmée réclamait le concours de tous ses enfants ; il n'hésita pas un seul instant : il était en effet de ces hommes que rien n'arrête quand l'honneur a parlé, et chez qui la froide raison n'intervient que pour donner à l'élan de leur courage la supériorité du dévouement résolu sur l'enthousiasme irréfléchi.

Aussi supportait-il avec une fermeté sereine les épreuves de la guerre aggravées par les conditions dans lesquelles nous étions forcés de la subir, les privations de toute sorte d'une campagne faite dans la saison rigoureuse et sous la direction d'une administration novice et imprévoyante. Toujours oublieux de lui-même, sa sollicitude était consacrée toute entière aux besoins des hommes dont la direction lui était confiée. Il avait pour eux la prévoyance, les soins, les attentions bienveillantes d'un père. On se serait cru transporté, en le voyant parmi ses soldats, à ces souvenirs touchants des Croisades, où seigneurs et hommes du peuple, unis par la fraternité des armes, marchaient sous la même bannière et combattaient pour la même cause. En traçant ces lignes, je me rappelle involontairement cette page attendrissante de Michaud, où il nous représente les familles des artisans et des pauvres villageois, conduisant leurs enfants aux barons et chevaliers et disant à ceux-ci :

« Vous serez leurs pères ; vous veillerez sur eux au « milieu des périls de la guerre.... » « Les barons et « chevaliers » ajoute l'historien, « promettaient de rame- « ner leurs soldats..... ou de périr avec eux dans les « combats. » Le comte de Mailly-Châlon a certainement fait dans son cœur ce généreux serment, et il l'a plus que religieusement tenu. Cette sollicitude inquiète qu'il avait pour les moindres besoins de ses soldats, ne l'a abandonné que quand il s'est agi de lui-même et de son propre salut. Aussi, de la part de ses officiers, devenus ses amis, et de ses soldats qui avaient pour lui un attachement filial, était-il l'objet d'un véritable culte ; et, sous l'influence de ces sentiments réciproques, s'étaient formés entre le bataillon et son chef des liens étroits que la mort seule pouvait dissoudre.

Les aptitudes militaires que révélait le commandant de Mailly dans l'exercice de ses fonctions, avaient fixé sur lui les yeux de ses supérieurs militaires, qui lui proposèrent plusieurs fois et insistèrent pour lui faire accepter le grade de lieutenant-colonel ; mais, il refusa toujours en disant que son bataillon était sa famille militaire, et qu'il ne voulait pas s'en séparer.

Cependant les événements avaient marché : la France humiliée à Wissembourg, accablée à Sédan, s'était relevée après un découragement passager et, livrée à elle-même, avait engagé contre les envahisseurs cette lutte à outrance qui sauvera du moins son honneur et lui méritera, espérons-le, sa revanche. De nouvelles armées s'improvisaient. L'armée de la Loire, rapidement organisée, commençait ce mouvement en avant, prématuré peut-être, qui se changea bientôt en retraite.

Le bataillon commandé par le comte de Mailly-Châlon était attaché à l'aile gauche de cette armée ; il occupait le village de Varize et prit part aux engagements qui eurent lieu de ce côté. C'est dans un de ces combats livré le 3 décembre, que son brave commandant tomba victime de son courage, et c'est avec justice qu'on peut mettre son nom à côté de celui des Bouillé, des Charette, des Sonis, frappés la veille à Patay : comme eux, il a fait plus que son devoir et il l'a fait au péril de sa vie.

Ses mobiles hésitaient, les yeux fixés sur leur chef ; lui, n'écoutant que son courage, descend de cheval, prend un fusil et électrise ses troupes par l'exemple de son intrépidité. Resté debout au milieu de ses soldats couchés à terre par son ordre, il les dominait de sa haute taille sans souci du feu le plus meurtrier ; en vain, ses officiers lui crient que ce n'est pas sa place, et le supplient de moins s'exposer, il demeure inébranlable jusqu'à ce qu'une balle, en lui fracassant la jambe, l'étende sur le champ de bataille.

Ses officiers se précipitèrent à son secours sous une grêle de balles ; l'un d'eux, M. de Tascher, le couvrit de son corps jusqu'à ce qu'on fût parvenu à l'enlever.

Lorsque l'héroïque blessé passa tout sanglant devant le front de ses mobiles, tous, d'un mouvement spontané, suspendirent leur feu pour lui présenter les armes et le saluèrent d'unanimes acclamations.

Transporté à l'hôpital de Châteaudun, le comte de Mailly languit encore pendant dix jours, l'amputation fut jugée nécessaire ; mais rien ne put le sauver : une hémorragie se déclara dans le matinée du 13 décembre, et il expira, après avoir reçu en pleine connaissance les derniers sacrements.

Ferme devant la souffrance comme il l'avait été

devant le danger et s'oubliant jusqu'à la fin lui-même, il ne songeait, sur son lit d'agonie, qu'à sa famille à laquelle il écrivait de sa propre main pour chercher à lui inspirer sur son état une sécurité que, sans doute, il était bien loin de partager, et à son cher bataillon qui, jusqu'à son dernier moment, forma avec les siens l'objet de sa constante et affectueuse préoccupation.

Ainsi, mourut pour la France, martyr du patriotisme et de l'honneur, Anselme, comte de Mailly-Châlon.

Mais il est de ceux qui ne meurent pas tout entiers, et, tandis que son âme jouira au sein de Dieu de l'immortel bonheur, seule récompense digne du dévouement et de l'abnégation poussés jusqu'à l'immolation complète de soi-même, son impérissable souvenir occupera pendant toute la durée de leur existence la mémoire d'une femme qui ne vivait que pour lui, d'un fils dont il sera l'exemple et le modèle, d'une famille qui mettait en lui son légitime orgueil, d'amis parmi lesquels son passage a laissé une empreinte trop profonde pour être effacée.

Et quand la Patrie régénérée, justifiant la fidèle confiance de ceux qui, au milieu des calamités qui l'accablent ne veulent pas désespérer d'elle, reprendra, pour le bonheur du monde, ses nobles destinées, des voix s'élèveront pour rappeler à une génération oublieuse que parmi les victimes glorieuses, dont le généreux dévouement en honorant ses malheurs a préparé sa revanche, la France doit compter au premier rang le petit-fils du maréchal de Mailly.

DISCOURS

PRONONCÉ PAR LE VICOMTE

DE LA TOUANNE

Lieutenant-Colonel du 33e régiment de Mobiles

SUR LE CERCUEIL DU COMMANDANT

DE MAILLY-CHALON

Messieurs,

Vous me permettrez de dire un dernier adieu à cet homme de cœur et de bien qui était le comte de Mailly-Châlon. Hier son collègue, témoin de sa noble impatience de concourir au salut du pays, c'est un juste tribut d'admiration et d'amitié que je viens lui payer, au nom de tous ceux qui ont pu l'apprécier pendant ces jours si remplis et si douloureux.

Au milieu de nos angoisses un grand spectacle s'est produit, ce sera l'honneur du pays, l'histoire ne l'oubliera pas et il prouve, une fois de plus, quelle noble virilité se trouve toujours dans cette France, que l'on a pas craint de dire si dégénérée. Ce spectacle, Messieurs, c'est l'élan spontané qui a fait abandonner à ces jeunes hommes, famille, fortune, emplois, pour venir offrir leurs bras et leurs vies à la Patrie menacée.

M. de Mailly fut un de ces ouvriers de la première heure, et pourtant tout lui souriait, sa vie était calme et heureuse ; mais son ardente et généreuse nature lui faisait un devoir d'apporter son épée au secours du pays, et il accourait ! ..... Avec une activité fièvreuse, il organisait son bataillon, et bientôt on le jugeait dignede faire partie de ce brillant 17e corps, si vaillamment commandé, et arrivé si à propos pour tendre la main à ses frères d'armes fatigués et compromis.

Le 2 décembre était un glorieux début pour le 74e, et heureusement, il avait peu souffert. Mais le lendemain le combat recommençait plus furieux que jamais. Toujours en avant, encourageant ses hommes, les entrainant à sa suite, le comte de Mailly était frappé, et hélas ! cette blessure devait avoir une issue fatale ! Que dire, mon Dieu, quelles consolations humaines donner à une noble famille si cruellement atteinte ? On ne peut que murmurer ces deux mots, Dieu et Patrie !

A vous, malheureux parents, qui voyez tomber ce fils votre joie et votre orgueil, à vous, Madame, si abîmée dans votre douleur, il n'y a que Dieu qui puisse donner la résignation à sa volonté divine, la force de supporter un si terrible coup. Pour vous, pauvres enfants, si cruellement atteints à cet âge, où la bienfaisante influence paternelle est si nécessaire, où l'on a tant besoin d'être dirigé et d'être soutenu, vous serez guidés par le noble exemple que vous laisse votre père, vous ne l'oublierez jamais, et vous vous rendrez dignes de lui. Quant à nous, Messieurs, si douloureusement affligés par une fin si glorieuse, mais si cruelle, nous ne pouvons que répéter à notre pauvre ami, en lui disant un dernier adieu, que son souvenir est désormais impérissable pour nous et pour le pays.

Vicomte de la TOUANNE.

Lieutenant-colonel du 33e de mobiles de la Sarthe.

Le Mans. — Impr. du Commerce. A. Leguicheux. — 2249

www.ingramcontent.com/pod-product-compliance
Ingram Content Group UK Ltd.
Pitfield, Milton Keynes, MK11 3LW, UK
UKHW032037260826
14628UKWH00007B/3024

9 782011 787804